조선의 숨결

조선의 숨결

김영진 민조시집

신아출판사

| 서시 |

민조시

역사의
뒤뜰에서
삭고 곰삭아
익어가는 열매.

면면히
이어 나온
조선의 숨결
오늘에 꽃피리.

겨레의
기상으로
세상 밝히는
불멸의 시혼들.

■ 차례

서시 5

제1부 조선의 숨결

14 가야금
15 거북선
16 그네
17 기쁜 소식
18 널뛰기
19 논개
20 다듬이 소리
21 달나라
22 달무리
23 달밤
24 대금
25 돌확
26 동편제
27 마애불
28 사물놀이
29 석가탑
30 석굴암
31 승무
32 아리랑
33 엿치기
34 징소리
35 초가집
36 초승달
37 팔만대장경
38 풍물
39 한글
40 한복
41 한옥
42 한식韓食
43 한지韓紙

제2부 하늘가 음성

46 갈릴리 호수
47 걸으면서
48 계명
49 고난
50 길은 여기에
51 꿈
52 기도
53 나
54 눈물
55 뒤를 보니
56 마음 닦기
57 맑은 물 붓기
58 믿음
59 사해
60 삶
61 섬김
62 성 금요일
63 성탄절
64 성화聖化
65 세족식
66 순례의 길
67 십자가
68 염려
69 영성의 길
70 예루살렘 성
71 용서
72 진리
73 질문
74 침묵
75 하늘의 음성

제3부 내일을 기다리며

78 가인佳人
79 기다림
80 나이
81 낙조
82 노가대
83 노래
84 노인
85 동안거冬安居
86 동짓날
87 만추晩秋
88 봄
89 봄길
90 삶
91 서재
92 섬
93 시詩
94 시각
95 안부安否
96 여백
97 염원
98 이슬
99 인생
100 일몰
101 치매
102 편지
103 풍경風磬
104 피아노
105 하루
106 태양
107 한 생生

제4부 그리움이 모여

110 거울
111 고무신
112 그리움
113 달
114 달력
115 달밤
116 돌담
117 뒤안길
118 모깃불
119 비움
120 빨래
121 선풍기
122 세월
123 술 배달
124 신작로
125 암
126 양파
127 연필
128 우산
129 우체통
130 운동화
131 음악
132 이별
133 자전거
134 죽음
135 젓가락
136 징검다리
137 해거름
138 호떡
139 홍시

제5부 동구 밖에서

142 고독
143 고향
144 길
145 누름돌
146 눈물
147 당신
148 동구 밖
149 동기간
150 동창생
151 딸
152 마이산
153 발
154 밥
155 부부
156 사랑
157 수제비
158 아내
159 아버지
160 어머니
161 엄니
162 연리지
163 연애
164 오르막길
165 유모차
166 임 생각
167 일흔 너머
168 친구
169 하루살이
170 황혼
171 효자손

제6부 들려오는 바람소리

174 갈대
175 갈매기
176 고라니
177 곤줄박이
178 귀뚜라미
179 노을
180 다람쥐
181 때까치
182 모과
183 멸치
184 백두산
185 붉나무
186 빗소리
187 뻐꾸기
188 사슴
189 산 노루
190 산울림
191 석류
192 소
193 소나무
194 소쩍새
195 솔바람
196 옹달샘
197 은행잎
198 이름은 달라도
199 이팝꽃
200 잠자리
201 파도
202 후박나무
203 휘파람새

작품 해설 조선 소리, 숨결 수리 3,4,5,6조 '아니리' 206
— 김현수 (민조시인, 민조시평론가)

발문 민조시民調詩, 조선의 향기를 머금은 우리만의 가락 226

제1부

조선의 숨결

가야금

둥기당
슬피 우는
가얏고 소리
누구를 울리나.

무시로
들려오는
하늘가 소리
먹먹해진 가슴.

거북선

충무공 이순신
무쇠 철갑 정신 담아
노량 앞바다 울돌목 해전.

서릿발 푸르름,
늠름한 대장군.

그네

세모시
다홍치마
하늘을 날아
설레는 남정네.

치마폭
날아올라
하늘을 덮고
밀려오는 태풍.

기쁜 소식

한강의
글쓰기로
노벨 문학상
인간 정신 승리.

일찍이
이어받은
조선의 숨결
오늘에 피운 꽃.

이슥한 달밤에
모두 나와 덩실덩실
손에 손잡고 발을 맞추어
강강수월래로, 밤은 깊어가고.

널뛰기

담장 밖
봄이오나
솟아오르면
설레는 그리움.

논개

사무친
응어리가
붉은 꽃으로
피어나는 조국.

다듬이 소리

가슴을
두드리는
한 맺힌 소리
피멍드는 하늘.

가만히
엿들으면
어머니, 시누
어긋난 엇박자.

잔잔히
들려오는
다당 다당구
잠재우는 소리.

달나라

하루에
열두 번씩
꿈꾸는 나라,

순順이 사는 나라.

가자고
가보자고
노래 불렀지,

마음속에 있네.

달무리

굴렁쇠
목에 걸고
헤프게 웃네
이러다 비 오지.

달밤

부엉이
칭얼대며
두런거리는
적막 속의 고요.

대금

티 없이
맑고 고운
유장한 가락,

애달픈 소릿결.

불어서
풀린다면
저 세상까지,

끝없는 한풀이.

돌확

세월을
등 두렷이
건너가는 듯
제자리에 천 년.

동편제

추임새
절로 이는
섬진강 물결,

한 판 이승소리.

마애불

석공의
땀방울로
바윗돌에서
피어나는 경전.

돌벼랑
달라붙어
무엇하는가?
갈 길 멀고먼데.

사물놀이

하늘로
지상에서
올리는 제사,

신명나는 축제.

얼씨구 절씨구
저절씨구 풍물놀이,

비바람 구름 하늘의 조화
천둥 꽹과리로, 저절로 어깨춤.

석가탑

아사녀
몸을 던진
슬픈 그림자
아릿한 무영탑.

석굴암

연화대
자리 잡아
실눈을 뜨니
떠오르는 태양.

승무

사알짝
들어올린
버선 콧날에
숨겨진 민족 얼.

고깔에
살짝 가린
수줍은 얼굴
연분홍 연꽃 향.

아리랑

한 소절
아라리오
애절한 가락,

목이 메는 아낙.

한 고개
넘어서면
보일 듯 말 듯,

한 많은 이 세상.

엿치기

동강 난
몸뚱이에
바람길 내어
가려지는 행운.

달콤한
인생역정
두 토막 내어
바꾸어 볼 심사.

징소리

잉걸불
타오르는
쇳덩이 녹여
담금질한 가슴.

방망이
얻어맞고
천둥소리로
울부짖는 풍물.

터져라
소리쳐도
목울대 안에
맴도는 산울림,

초가집

숟가락
아홉 형제
한 이불 덮고
아옹다옹 하루.

수수한
지붕위에
올라앉은 박
달덩이 내 누님.

사립문
창호지에
배인 호롱불
절절이 그리움.

초승달

손톱을
자르다가
밤하늘 보네,

살짝 내민 얼굴.

밤 마실
훔쳐본 달
이리 서러워,

외로운 눈썹달.

팔만대장경

아미타
불심으로
가슴에 새긴
오천만 자 경판.

대장각
웅얼웅얼
경전 외우는
점박이 고양이.

풍물

민중의
신명으로
가슴 울리는
우리들의 소리.

덩더쿵
들려오는
부산한 소리
흥겨운 메아리.

한글

쉽고도
편리한 글
갈고 닦아서
K 문화 온 세상.

백성들
세종대왕
어여삐 여겨
이루어낸 보석.

한복

단아한
매무새로
꽃길을 걷는
새하얀 고무신.

단정한
쪽머리에
수줍은 얼굴
우아함의 극치.

한옥

온돌방
구들장에
몸을 누이면
사라지는 시름.

금강송
서까래에
햇살이 들면
잦아드는 숨결.

구들장
따뜻하니
늦잠자기 딱
몸이 노글노글.

한식 韓食

천년의
깊은 맛에
고향 어머니
달리는 천릿길.

한 대접
먹는대도
물리지 않는
조상의 먹거리.

한지 韓紙

푸나무
껍질 풀어
한지 만들어
떠 올린 방패연.

닥나무
닦달하여
금자탑 이룬
역사의 뒤안길.

글로써
전하노니
영원한 나라
대한민국이여.

제2부

하늘가 음성

갈릴리 호수

당신이
보고파서
호숫가 걷네,

님 보이지 않고.

바람결
풍겨오는
엷은 비린내,

당신의 발자취.

'시몬아!
깊은 곳에
그물 던져라,'

쟁쟁한 그 말씀.

걸으면서

어제는
땅만 보고
걸었습니다,

하늘이 두려워.

오늘은
앞만 보고
걸었습니다,

인도하는 당신.

내일은
하늘 보고
걷겠습니다,

칭찬하는 주님.

계명

주님의
금과옥조
지켜짐으로
새 하늘 여시네.

너희도
사랑하라
하늘나라가
가까이 왔도다.

너희는
포도나무
가지이니라
탐스러운 열매.

고난

때마다
넘기고자
몸부림치면

떠오른 무지개.

매서운
바람맞아
무릎을 꿇고

명품 바이올린.

맞받아
부딪히면
변장된 축복

새로운 하루여.

길은 여기에

가는 길 사는 길
고난의 길 눈물의 길
걸어가는 길 기어가는 길,

몸으로 가는 길,
혼자서 가는 길.

꿈

시련과
역경에도
꿈꾸는 사람,

세상 이긴 요셉.

기도

노을이
버리고 간
어스름 저녁
촛불의 간절함.

손 모아
마음 모아
사무치도록
애태우는 시간.

하늘이
움직여야
메마른 땅에
비가 내린다지.

나

책장을
넘기면서
궁싯거리는
꼭지 덜 떨어진.

내 속에
내가 많아
진정 누군가
알 수가 없다네.

당신의
살과 피로
오늘을 사는
무지렁이 죄인.

눈물

외롭고
슬플 때에
타는 촛불이
하나님의 선물.

고귀한
나의 촛농
하나님께서
닦아주신 사랑.

뒤를 보니

내 평생
살아온 길,

뒤돌아보니
주님의 은혜라.

마음 닦기

마음을
닦는다고
말들 하지만
보여야 닦는다.

정성을
다하여서
닦고 닦으면
마음이 보인다.

일없이
닦다 보면
보이지 않는
마음 닦여진다.

맑은 물 붓기

상할 때
피가 솟고
뒤집어질 때
맑은 물 붓는다.

부어서
맑아지고
씻어진다면
물붓기 한 세상.

먹물이
희석되어
맑아지도록
맑은 물 붓는 날.

믿음

바라고
소망하는
믿음의 실상
꿈꾸는 이,

요셉.

볼수록
보이거나
듣고자 해도
들리지 않네,

주主.

사해

뜨거운
사막 열기
죽음의 바다,

둥둥 떠오른 몸.

짠물에
녹아내려
가벼워지나,

근심, 걱정, 욕심.

삶

내 안에
내가 사는
생生이 아니요,

그분이 사는 생生.

주인이
누구인가
나 가족 명예
아님 하늘 그 분?

섬김

누구를
섬김보다
섬김받기를
즐긴 이,

바로 나.

종으로
무릎 꿇고
제자의 발을
씻긴 이,

바로 너.

진실로
종이 되라,

몸을 낮추어
저를 돌아보라.

성 금요일

저들을
용서하여,

죄사함 비는
우리들의 예수.

못 찔림
허물 죄악,

차마 하늘도
눈을 감아버린.

성탄절

은은히
종소리가
울려 퍼지는
산골마을 교회.

말구유
아기예수
탄생하였네
할렐루야 예수.

구세주
영광의 주
이 땅에 오셔
다시 사는 백성.

성화聖化

인자한
성품으로,

그리스도를
닮아가는 하루.

세족식

너와 나
무릎 꿇고
발 씻어주는
성스러운 예식.

눈물로
빈 가슴과
뜨거운 가슴
맞부딪는 순간.

눈으로 고백하고
눈물로 씻음 받아,
새사람 되고 정결해지는
나눔 섬김 봉사,
기뻐하는 주님.

순례의 길

무엇이
기다릴까
산 너머에는
너머 너머에는.

책에서
여행으로
쏴 다니기를
지구 한 바퀴 반.

옷자락
나부끼며
광야 걷는 길
그분이 가신 길.

십자가

내가 맨
십자가가
너무 무거워,

시기 질투 미움.

가파른
오르막길
지고 가야 할,

고난의 언덕길.

염려

상실의
두려움이
심장을 쪼아,

삭아 내린 육신.

영성의 길

도대체
아픈 가슴
어디 가는지
알 수가 없었네.

진실로
누구인가?

어느 곳으로
간다는 것인지.

나에게
묻고 물어
다시 물어도
질문 속에 있네.

예루살렘 성

벼르고
별러 찾은
예루살렘 성
님 보이지 않고.

산위에
솔로몬이
세웠다하는
말발굽 아우성.

따가운
햇살만이
통곡의 벽을
어루만지는 성.

용서

기억을
지우는 삶,

잘못이 없는
내가 해야 한다.

일곱 번
이른 번씩,

빗장 문 열고
그의 이름으로.

진리

한 알의
밀알들이
땅에 떨어져
죽지 아니하면.

그대로
그 자리에
죽으면 많은
열매를 맺으리.
　　　　　- 요한복음 12:24

질문

집에서
일터에서
산을 오른다,

던져진 의문들.

어디에
떨어졌나,

찾아보아도
막막하고 감감.

침묵

눈 감고
귀를 닫고
생각을 닫고,

몰입하면 성자.

샘에서
끌어올린
내면의 소리,

어둠속의 음성.

하늘의 음성

'아내를
네 몸같이
사랑했느냐?'

들려오는 음성.

'아들아!
형제들을
사랑했느냐?'

망치로 뒤통수.

제3부

내일을 기다리며

가인佳人

가만히
다가와서
손잡아주던
아름다운 사람.

기다림

침묵은
말이 없는
기나긴 고통,

기다리는 수업.

눈감고
기다려야
내일이 온다,

미래에 사는 나.

나이

세월을
주름잡아
구김살 없이
다려놓은 햇볕.

조용히
강물 따라
흘러갔는데
눈 떠보니 바다.

낙조

이리도
고울거나
부둥켜안고
벙어리 냉가슴.

인연이
아름답게
스러져가는
날 저무는 언덕.

노가대

가진 것
오직 몸뿐
하루 온 날을
몸채 드리는 일.

노래

마음이
산란하고
어수선할 때
다가오는 평안.

불러서
풀릴 수가
있다고 하면
노래로 한 세상.

하늘에
닿았는지
눈꽃 송이로
채워지는 지상.

노인

솔바람
불어오는
그늘 아래서
낮잠 자는 신선.

늙은 소
한 짐 지고
숨 가파하네,

쉬었다 가게나.

동안거 冬安居

눈 감고
한 계절을
보내고 나니,

열리는 빗장 문.

동짓날

저무는
석양 무렵
팥죽 한 그릇

그리운 사람들

한 사발
올려놓고
눈을 감으니

은혜 충만 감사.

만추晚秋

들판의
허수아비
눈 부릅뜨고
휘젓는 팔소매.

스산한
바람결에
부스럭 소리
바빠지는 마음.

봄

하도나
소란하여
창 내다보니
봄이 오는 소리.

햇살이
다사로워
기지개 켜니
온 세상 내 세상.

봄길

설중매
향기로운
언덕에 앉아
헤아려 보는 봄.

고양이 속눈썹
아롱다롱 비껴가고
해 그림자가 깔깔깔 웃는
다사로운 봄날, 기대선 담벼락.

삶

흐르는
시간위에
여백 채우는
지난한 몸부림.

한 고비
지나가면
또 한 굽이가,

밀려오는 파도.

한 생을
토막 내어
자르고 나면
두 생이 되는가?

서재

책들이
꿈을 꾸며
낮잠을 자는
영혼의 안식처.

섬

어쩌나
바닷물에
잠겨버리면
숨 못 쉴까 걱정.

어쩌다
거센 풍랑
밀려온다면
눈감을 수밖에.

그 자리
발이 없어
옴짝 못하고
죽어갈 수밖에.

시詩

최상의
꽃이라고
쓰고 또 써도,

피울 수 없는 꽃.

지상의
꽃인데도
피우려 해도,

이룰 수 없는 꽃

시간

숨 쉬고
피가 멎는
그 순간에도
제 갈길 가는 놈.

잡아도
붙들어도
막 무가내고
뺑소니 무법자.

안부 安否

베란다
황조롱이
새끼 오형제
밥은 먹고 사나.

'잘 있냐?'
뜬금없이
날아온 문자,

선친으로부터.

여백

비워야
채워지는
당연한 진리,

그조차 모르고.

도화지
펼쳐 놓고
하늘을 보네,

내려앉는 마음.

염원

경건히
두 손 모아
기도드리니
손잡아 주소서.

아무리
기를 쓰고
발버둥 쳐도
오를 수 없는 성.

이슬

풀잎에
맺혀있는
영롱한 보석
햇살이 오기 전.

물방울
똥을 누고
나뒹굴어도
눈 부비는 풀잎.

인생

나뭇잎
바람결에
뒤집는 시간,

눈 깜박할 사이.

누구도
알 수 없고
가보지 않은,

끝없이 가는 길.

점프대
올라서서
허접스런 몸,

던져봐야 안다.

일몰

지평선
가뭇없이
물들어 가는
우리들의 시간.

가려나
소리 없이
사라지려나
내일은 오는데.

검붉게
물든 하늘
고흐가 그린
천지개벽인가?

치매

살다가
정신 줄을
놓쳐버리고
엄마 맘마 엄니.

눈 감고
귀를 닫고
입을 봉해도
그래도 한 세상.

어머니
갈을 가다
서성이면서
내가 누군가요?

편지

오로지
한 땀 한 땀
찍은 핏자국,

그대를 읽는다.

풍경 風磬

처마 끝
대롱대롱
매달리어서
그네 타는 부처.

새소리 징소리
바람소리 경쇠소리
물고기 소리 영혼의 소리
하늘을 울리고, 지상을 맑히네.

피아노

청아한
구슬방울
구르는 소리,

눈 감으면 천국.

하루

눈 뜨고
밥 먹으면
날이 저문다
기막힌 날인데.

또 간다,

한 일 없이
이룬 것 없이
보내놓고 후회.

태양

어둠을
살라먹고
두리 두둥실,

밝아오는 내일.

한 생生

엄마의 이름으로
태어난 아들 장차 뭐가 될까?

땡땡땡 학교종이
들려올 때면 종종종 발걸음.

출근 길 힘이 들고
버겁다지만 응원하는 가족.

곰삭아 무릎 고장
어깨 쑤시고 병원 들락 달락.

무시로 들려오는
하늘 종소리 가야하는 시간.

제4부

그리움이 모여

거울

흰머리
희끗희끗
어느 세월에
가버린 젊은 날.

갸우뚱
오랜만에
들여다보니
한참 낯선 얼굴.

고무신

붕 붕 붕
신명 나는
까만 고무신,

외가 집 가던 날.

새 신발
차려신고
날아다니던,

유년의 그 시절.

그리움

풀잎에
방울방울
어리비치는
그리운 사람들.

잊자고
잊는다고
몸부림 쳐도
떠오르는 얼굴.

달

밤마다
단정하게
치장을 하고
얼굴 내민 소녀.

소쩍새
우는 밤에
숨을 멈춰도
아장아장 돋지.

대낮을
잠재우는
밤하늘 요정
생명의 속삭임.

달력

시간을
아끼라는
한 달 계획서
지나면 똥이다.

세월을
쌓아놓고
하루하루를
덜어 쓰는 목록.

달밤

부엉이
칭얼대며
두런거리는
적막 속의 고요.

돌담

돌멩이
모아 모아
한 켜 한 두름
쌓아올린 역사.

뒤안길

어둡고
쓸쓸하고
칙칙하지만
내 마음의 창고.

마음이
허전할 때
뒤돌아보면
먼저 가는 마음.

모깃불

아련히
연기 속에
피어오르는
어릴 적 동무들.

멍석 위
둘러앉아
하늘을 보며
지새우던 별밤.

비움

내 안에
쉴 곳 없네,

넌 안 보이고
내가 너무 많아.

빨래

찌든 때
빨아내고
앞산 바라기,

오늘 정갈한 날.

선풍기

찝찝한
여름날에
달가운 친구
날개 달린 신선.

바람을
설렁설렁
속마음까지
씻어주는 사랑.

세월

잠자리
뒤쫓다가
놓쳐버린 날
지금은 어디에.

날개도
없는 것이
이리도 빨라
번개 불에 콩튀.

술 배달

통통통
자전거에
실려진 술통,

신작로 취하네.

신작로

돌멩이
울퉁불퉁
구루마 타고
장보러 가던 길.

암

가만히
다가와서
나가지 않는
몸 안의 불청객.

어느 날
찾아와서
또아리 틀고
주저앉은 녀석.

한 자락
세월 열고
살아온 이력
모조리 지운 꾼.

양파

비늘을
벗겨내고
속살을 까면
무엇이 있을까?

온전히
까발리어
어찌 살거나
얼굴 가려야지.

연필

일기장
너머 너머
꾹꾹 눌러 쓴
살아온 자국들.

우산

빗방울
동그라미
그림 속으로
펼쳐지는 안식.

우체통

보랏빛
그림엽서
아른거리는
내 마음의 고향.

그리움
파도소리
소복이 쌓인
바닷가 소식 처.

운동화

슬며시
끈 조이면
하늘을 나는
새하얀 비행기.

음악

언어가
닫힐 때에
울려 퍼지는
곱디고운 선율.

지혜나
철학보다
한 단계 높은
영감의 메시지.

가슴을
어루만져
한 풀어주는
희한한 치료제.

이별

그 집 앞
서성이다
돌아간 날도
소쩍새는 울고.

달뜨고
별이 뜨고
밤 이슥토록
부엉이 울어대고.

고운 님
소리 없이
옷깃 여미고
떠나던 날 밤에.

자전거

손 놓고
무등 타고
바람 씽 씽 씽
달리는 이 기쁨.

뒷바퀴
기를 쓰고
재주 부려도
앞서는 앞바퀴.

죽음

언젠가
까막까막
다가올 것을
모르는 척 하고.

혼자서
가야하는
그 길을 두고
아직 둘이라고.

이제는
봄이 몇 번
노래 몇 소절
남았을 것인가?

젓가락

짝으로
마주보고
살아야 하는
숙명의 반려자.

징검다리

시냇물
폴짝폴짝
건너뛰면서
잃어버린 시간.

디딤돌
한발 한발
건너가다가
허옇게 센 머리.

해거름

외로운
그림자가
소리도 없이
지나가는 저녁.

호떡

추운 날
한 입 물고
한 바퀴 돌면
차오르는 충만.

홍시

떫음이
고루 배어
문드러져야
달콤한 하늘 맛.

가을이
고즈넉이
내려앉은 뜰
붉게 물든 노을.

제5부

동구 밖에서

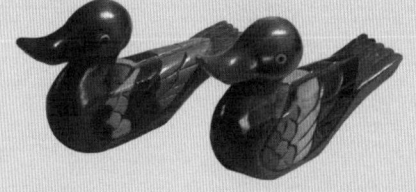

고독

혼자서
살아가다
외로울 때면
그림자도 친구.

으스스
한기 드는
숲속에 앉아
홀로 고독수행.

갈 길로
가야하는
찬바람 이는
춥고 외로운 길.

고향

어머니
젖무덤에
얼굴을 묻고
푹 쉬고 싶은 집.

무언가
있었는데
살다가 보면
지워져간 유년.

길

아버지
먼저 가고
내가 가는 길,

멀고도 가까운.

어머니
가시고서
아들 가는 길,

허둥거리는 길.

여보게
어디 가나
나비 잡으러
청산에 가잔다.

누름돌

가슴에
올려놓아
뭉개진 마음
평생 가슴앓이.

눈물

들판에
떨어지는
맑은 물방울
번지는 보리밭.

진실로
가진 소유
내세울 만한
보석은 이것 뿐.

당신

태양이
아름다이
빛나는 것은,

그대가 있기에.

동구 밖

집나간
외동아들
이제 오려나
서성이는 엄마.

손으로
차양하고
키발 드시고
기다린 아버지.

동기간

마루에
둘러앉아
나누던 밥상
함께하는 시간.

한 지붕
이불 덮고
밤을 지새던
오라비 형제들.

동창생

묵은 정
그리워서
달려온 친구
억새꽃 피었네.

딸

맨 눈에
쏙 넣어도
아프지 않는
사랑의 전령사.

마이산

부부로
마주해도
백년뿐인데
말없이 천년을.

귀 쫑긋
들리는가
그대 목소리
하늘의 속삭임.

발

가는 길
힘들어도
그대가 있어
든든한 인생 길.

몸에서
아랫녘에
천덕꾸러기
말이 없는 군자.

밥

벼 알이
쌀이 되고
밥알이 되지
밥으로 한 식구.

어릴 적
고양이 밥
개구리 반찬
그리운 날들이.

부부

손잡고
하루 가고
손을 놓아도
오십년은 당근.

때로는
티격태격
싸울지라도
천생연분 짝꿍.

사랑

둘이서
발맞추어
함께 가는 길
소실점을 향해.

바람에
찰랑이는
나뭇잎처럼
반짝이는 설렘.

수제비

손으로
뭉텅뭉텅
뜯어낸 작품
어머니 표 별미.

아내

아리게
다가오는
삶의 반려자
어찌하오리까?

어느새
고갯마루
뒤돌아보니
이랑진 잔주름.

아버지

한 생을
더듬더듬
지게다리로
가늠하신 가장.

하루쯤
쉬고 싶네
가장의 무게,

벗어 놓은 신발.

그리도
바쁘신지
성큼 가신 길
보이지 않는 길.

어머니

그립다
생각나면
하늘을 보고
물 먹는 병아리.

동구 밖
서성이던
하얀 고무신
초승달이 떴네.

젖은 손
행주치마
인고의 세월
내비치는 눈물.

엄니

불러도
대답없는
우리 어무니
어디쯤 가시나?

어금니 살포시
꾸욱 물고 아리아리
귀 기울이고 불러 보지만
들리지 않은 듯, 메아리 소리만.

연리지

태어나
한 몸인데
두 뿌리에서
한 몸 되기까지.

연애

남몰래
배腹가 맞아
으스름 달빛
배梨에 단물이 드네.

오르막길

내딛고
한 발자국
디밀다보면
길은 끝이 나고.

유모차

본향을
더듬더듬
더듬어 가는
고즈넉한 황혼.

어르신
뒤뚱뒤뚱
흔들며 가는
닿을 수 없는 길.

오매애
시상이나
멍멍이 탔네,

요지경인 세상.

임 생각

뜸하게
떠오르는
고운님 얼굴,

설치는 하룻밤.

일흔 너머

잡아라
나 잡아라
그때 그 시간
보내놓고 후회.

초침이
딸각딸각
크게 울리는
기막힌 순간들,

허투루
허비해선
안 되는 시간
소중한 일상들.

친구

그리운
얼굴들이
낯선 얼굴로
다가오는 황혼.

하루살이

하루에
목숨 거는
어리석음이,

그래도 한 세상.

황혼

저무는
들판 길을
함께 걸으며
쉬엄쉬엄 가세.

효자손

시원타
간질간질
등을 누빈다,

눈 없는 복된 손.

제6부

들려오는 바람소리

갈대

바람에
휘어져도
꺾이지 않는
불굴의 젊은이.

어깨를
들썩이며
속울음 참는
가냘픈 아가씨.

강가에
길게 서서
머리 날리는
백발의 노신사.

갈매기

새우깡
채가려고
몸부림치는
배고픈 자유인.

수평선
너울너울
구름 너머로
날아가는 평화.

고라니

귀 쫑긋
하늘 보고
천변 노니는
고삐 풀린 자유.

곤줄박이

작아서
앙증맞은
귀여운 것이
종종대는 오후.

동안거
절간 마루
놀다간대도
흔적 없는 적막.

귀뚜라미

가을 밤
시리도록
울어대지만
빠져드는 숙면.

노을

불타는
네 심장에
풍덩 빠질까?
부질없는 생각.

저무는
매무새도
사라져 가는
그립고 그리운.

다람쥐

도토리
한 알 들고
재롱부리는
눈 맑은 다롱이.

쪼르르
가는 곳이
어디쯤인가?

숨겨 논 잣 방울.

때까치

짹 짹 짹
문안 인사
아침 깨우는
얄미운 불청객.

모과

제멋에
울퉁불퉁
살아가지만
재주는 매주.

속내가
노릇노릇
익어가지만
엉큼한 노신사.

멸치

말라서
말라깽이
작은 몸으로
바다 누빈 왕자.

살아서
바다 길을
마른 몸으로
주름잡는 밥상.

백두산

하늘이
슬그머니
내려와 앉아
물살 짓는 호수.

장군봉
명함으로
세상을 본다.

호령하는 영산,

붉나무

석양에
못할 일을
저질러 놓고
얼굴 붉힌 총각.

빗소리

자연이
들려주는
오케스트라
라랴 러려 루리.

지그시
눈을 감고
듣고 있으면
파래지는 채전.

뻐꾸기

뻐뻑국
우는 소리
여름이 온다,

청아한 산울림.

청 보리
익을 때면
맑은 하늘 쩡,

금이 가는 소리.

사슴

눈 맑은
짐승으로
풀을 뜯다가
뾰족 솟아난 뿔.

모가지
길게 빼고
내려다보면
잡초뿐인 세상.

산 노루

머루 알
눈동자가
어리비치는
하늘가 옹달샘.

산울림

아련히
들려오는
메아리 소리,

나 울고
저 울고.

석류

하얀 이
드러내고
자지러지게
웃어대는 가을.

알알이
시린 하늘
바라만 봐도
일그러진 홍안.

소

눈 감고
되새김질
말은 없어도
우렁찬 산울림.

왕방울
눈동자에
담겨진 비밀,

선하게
착하게.

소나무

솔방울
대롱대롱
날벼락 쳐도
제자리 지킴이.

천년을
살지라도
굴하지 않고
푸른 낙락장송.

소쩍새

어스름
저녁 무렵
찾아온 손님,

고적한 하룻밤.

솔바람

솔 솔 솔
불어오는
솔바람 소리,

영혼을 맑힌 봄.

옹달샘

한 모금
물 한 잔에
생기가 도는
지상의 정화수.

바위 틈
송골송골
솟아나는 샘
목마른 암사슴.

은행잎

노란 손
휘저으며
마지막 인사,

가을의 아우라.

가로수
은행나무
등불을 켠다,

길 잃은 사람들.

이름은 달라도

백일홍
배롱나무
간지럼나무
자미성 자미화.

참으로 참나무
떡갈나무 신갈나무
도토리나무 상수리나무
갈참 굴참 물참, 졸참 진실나무.

이팝꽃

톡 톡 톡
터트리는
지상의 폭죽.

봄이 오는 소리.

잠자리

향적봉
산마루에
고추잠자리
물든 저녁노을.

왕눈이
잡으려고
쫓아다니다,

흰머리 노인네.

파도

심장의
박동 수가
잔잔해지는
엄마의 바닷가.

밀리고
밀려오는
풍랑 속에도
그리운 어머니.

아무리
외롭다고
울부짖어도
어쩌란 말이냐?

후박나무

호도독 후두둑
감미롭고 향기로운
물방울 소리 빗방울 소리
잠자는 울애기, 어머니 자장가.

휘파람새

바람에
실려 오는
청아한 소리
깨어나는 영혼.

휘이이
지나가는
울음소리로
한 해가 저문다.

작품 해설

|작품 해설|

조선 소리, 숨결 수리 3,4,5,6조 '아니리"[1]
— 김하해 민조시 '조선의 숨결'의 세계

김현수 (민조시인, 민조시평론가)

들어가며

소리는 '素理'일 것이다. '흰빛 이치'의 소리 파동이다. 만 생명 고유의 떨림이거나 진동음을 말한다. 그렇다. 소리는 생명 존재의 율려 소리빛이다. 그것은 흰빛 만남의 사랑 작용이며 생명 고유의 진동음이다. 하여, 모든 소리는 흰빛들의 만남이다. 흰빛들의 부딪침이며 화음이

---

1) 아니리 : 판소리에서 연기자가 창을 하면서 사이사이에 극적인 줄거리를 엮어 나가는 사설

고 소리 공명이다. 존재들의 '알림'이며, 생명들의 '어울림'이고, 만물들의 '울림'이다.

또한 소리는 생명들의 노래다. 존재들의 하모니이다. 생명들의 웃음이고, 울음이다. 감정과 촉감의 소통이며 살아있음의 존재값들이다. 그 소리는 흰빛 고유의 '아니리'이다. 뭇생명은 소리로 소통하고, 소리로 공감한다. 그러므로 소리가 소리꾼의 창가라면, 존재들의 말소리는 소리꾼의 '아니리'일 것이다.

흰빛 소리의 율려값은 수리로 탄주된다. 소리의 박자와 가락이 수리로 리듬을 타며 노래한다. 이의 소리와 수리의 조화 예술이 소리 가락이요, 풍류요, 음악이다.

그 음악의 창작물이 시이다. 그 시의 창작자가 시인이며, 시인은 모국어의 흰빛 '아니리'로 세상을 향해 이야기한다. 이때 시인의 '아니리'가 음율을 타는데, 그 율려값이 수리이다. 하여, 수리는 그 민족 고유의 숨결이요, 호흡 장단 가락이며, 율려 수리가 된다. 심상의 내재율과 음보의 외형율이 그 나라 그 민족 정형율의 수리값으로 탄주된다.

하해 김영진 시인의 소리는 '조선'이다. 여기 '조선'은 이씨 왕조 조선이 아니다. 단군의 아사달 고조선 나라다.

반만년 유구한 '백산'의 소리이고, 아리랑 고개를 넘어가는 십리 길 '온' 수리이다. 白山이 흰빛 소리이고, 수리 百이 '온'을 상징하는 고조선 '아니리 온달'의 노래이다.

　김시인의 '조선' 소리는 숨결 '수리' '3,4,5,6조'에 담긴다. 그의 '아니리'는 '민조시'인데, 이는 시와 시인의 정체성이 뚜렷이 변별되는 한민족 새정형시 18번 호흡 조선 숨결詩이다. 하여, 김하해 시인은 조선의 소리에 귀를 세우고 있다. 마치 미당의 '귀촉도'에 연원한 듯(김시인은 미당문학 편집장이다), 그의 일상에서 들려오는 모든 조선 소리를 민조시의 3,4,5,6조 정형율에 한땀 한땀 새겨 쓰고 있다. 그리하여, 이제 그의 소리혼이 그의 서고에서 나와 봄나들이 하고 있다. 세상 빛을 향해 '아니리'를 하고 있다. 그의 '아니리'는 흰옷을 입고 있다. 그 흰빛옷은 다름 아닌 '민조시' 옷매무새이다.

1. 천인지天人地 민조시 3조

　그 3조는 '하늘, 사람, 땅'이다. 하늘을 '알림'하고, 사람과 '어울림'하며, 땅의 '울림'을 노래하고 있다. 먼저 그 하늘 알림 '아니리' 사설 한 편을 귀담아 들어보자.

하루에
열두 번씩
꿈꾸는 나라
순順이 사는 나라.

가자고
가보자고
노래 불렀지
마음속에 있네.

- '달나라' 전문

 시인의 꿈나라는 달나라이다. 어둠을 밝히는 강강수월래 나라이다. '휘영청/ 달빛 아래/ 강강수월래/ 배달민족 마을.//(배꽃)의 꿈이다. 너와 내가 손잡고 둥글게 춤을 추는 밝은 대보름달 나라이다. 그곳은 '순順'이 사는 나라다. 하늘의 순리를 따라 사는 나라일 것이다.

 김하해 시인의 일생은 사람을 기르는 人農이었다. 필시 밝은 달빛 지혜를 따라 사랑으로 살아가자고 노래 불렀으리라. 그의 기도는 꿈이 되었고, 노래가 되었으며, 시인의 '아니리'가 되었다. 그의 하늘은 달나라가 되었으며, 그 달나라는 이제 그 마음속 나라가 된 것이다. 이렇듯 김하해 시인의 하늘은 사람의 '어울림' 소리로 푹 익어가고 있다. 그의 메아리 귀 기울임 소리 한 소절도 들어보자.

어금니 살포시
꾸욱 물고 아리아리

귀 기울이고 불러 보지만
들리지 않는 듯, 메아리 소리만.
- '엄니' 전문

그의 사람 '어울림' 소리는 시집 전 편에 메아리치고 있다. 때로는 그리움으로, 더러는 따스함으로, 혹은 뜨거운 사랑으로, 아니면 안타까운 심정으로 그의 '아니리'를 전하고 있다. 특히 '하늘을 보고/ 물 먹는 병아리.// 하얀 고무신/ 초승달이 떴네.(어머니)'라며, 어머니에 대한 절절함을 노래하고 있다.

김시인의 아버지 역시 '한 생을/ 더듬더듬/ 지게 다리로/ 가늠하신 가장.//이라며, 성큼 가신 길/ 보이지 않는 길.//(아버지)'을 그리움으로 더듬거리고 있다. 또 '아리게/ 다가오는/ 삶의 반려자/ 어찌 하오리까.//(아내)'에서는 유구무언의 아내를 회상하며, 차마 말로 전하지 못하는 속내의 '아니리'로 먹먹한 6조를 마무리하고 있다. 그렇게 김시인의 하늘 '울림'과 사람 '어울림'은 그의 온밤을 설치게 하는 수많은 '임자'가 되어 '아니리'하고 있다.

　　뜸하게
　　떠오르는
　　고운님 얼굴
　　설치는 하룻밤.
　　　　　　　　　　　　　－'임 생각' 전문

　김시인의 땅 '울림'은 차고 넘친다. 산과 물과 꽃과 나무와 새와 사람과 자연 만물로 '아니리' 춤을 춘다. 그 소리 울려는 자유롭다. '맑은 하늘 쩡/ 금이 가는 소리.// (뻐꾸기)'로 땅울림을 전하기도 하고, 때론 넌지시 세상을 비틀어 꼬집기도 한다.

　　눈 맑은
　　짐승으로
　　풀을 뜯다가
　　뾰족 솟아난 뿔.

모가지

길게 빼고

내려다보면

잡초뿐인 세상.

- '사슴' 전문

눈 맑은 짐승은 누구일까. 풀을 뜯다가 뾰족 돋아난 뿔은 또 무엇일까. 나는 눈 맑은 사슴이었고, 풀을 뜯고 살다가 보니, 뿔이 뾰족이 솟아난 짐승들을 성찰하게 한다. 슬픈 모가지를 길게 빼고 내려다보는 김시인의 일갈이다. 잡초를 뽑아내야 할 사슴들의 세상이다. 이렇듯 김시인의 3조는 수많은 흰빛 소리를 3,4,5,6조의 수리에 얹어 다재다양한 '아니리'를 창작하고 있다.

2. 생사초월 민조시 4조

김하해 민조시의 4조는 생사 초월이거나 영성의 '아니리'이다. 그리하여 백발 성성한 그의 '아니리'는 어느덧 바다에 이르렀음을 노래한다.

세월을

주름잡아

구김살 없이

다려놓은 햇볕.

조용히

강물 따라

흘러갔는데

눈 떠보니 바다.

— '나이' 전문

    김시인의 세월에는 거친 주름살이 없다. 그의 주름살은 참으로 선하게 새겨져 있다. 일찍이 나랏 말씀을 전공하여, 이 나라의 동량들을 길렀으니, 삶의 터전 위에 구김살 없는 햇볕만을 다려놓았을 것이다. 그렇게 그의 나이는 조용히 강물을 따라 흘렀음을 전언하고 있다. 그 나이가 이제 바다에 이르렀음을 자인하고 있다. 모든 걸 받아들이는 바다의 '나이'. 이는 김시인의 지금이고 오늘이다. 이제 푹 익어 바다 여여한 김시인의 정체성 선언을 하고 있다.

흐르는
시간위에
여백 채우는
지난한 몸부림.

한 고비
지나가면
또 한 굽이가
밀려오는 파도.

한 생을
토막 내어
자르고 나면
두 생이 되는가?

　　　　　　　　　　　　　– '삶' 전문

   그럼에도 불구하고 김시인의 바다는 다시 출렁거리고 있다. 삶의 여백을 채우려는 지난한 몸부림이었음을 고백하고 있다. 삶은 누구나 한고비 지나면 또 한 굽이가 출렁이는 바다라고 '아니리' 한다. 바다에 이르러서도 한 생을 토막 내어 두 생이 되고 싶은 누구나의 '삶'이란다.

이토록 김시인의 '아니리'는 조용한 용트림들로 요동친다.

또 김시인은 그렇게 바다의 섬 위에 서 있음을 담담히 노래하고 있다.

> 어쩌나
> 바닷물에
> 잠겨버리면
> 숨 못 쉴까 걱정.
>
> 어쩌다
> 거센 풍랑
> 밀려온다면
> 눈감을 수밖에.
>
> 그 자리
> 발이 없어
> 옴짝 못하고
> 죽어갈 수밖에.
>
>   - '섬' 전문

이처럼 김시인의 4조는 시집 편 편에 생사 초월 민조시로 '아니리'를 하고 있다. 때론 '한 울림'으로, 넌즉 '사람 어울림'으로 전하기도 한다. 혹은 숱한 '땅 울림' 싯구에 설핏설핏 생사 초월을 감춰놓고 있다.

3. 하늘의 음성 민조시의 5조

김하해 민조시 5조는 선명한 정체성을 탄주하고 있다. 내 속에/ 내가 많아/ 진정 누군가/ 알 수 가 없다는//(나) 질문을 던지면서, 그는 이제 민조시 '아니리'를 통해 자신의 정체를 간결하게 선언하고 있다.

　　인자한
　　성품으로,

　　그리스도를
　　닮아가는 하루.
　　　　　　　　　　－ '성화聖化' 전문

보라. 이 짧은 3,4,5,6조 단말마에 그의 정체성이 선명히 되새겨있지 않은가. 그의 오랜 질문에 하늘의 음성이

응답하였으리라. 그분의 은총으로 칭의를 얻어 신성한 인격으로 완성되었음을 당당히 밝히고 있다.

  김시인은 참 인자하다. 그의 언행에서 그리스도를 닮은 하루하루가 읽히고 있다. 이미 삶이 시이고, 성화된 그의 정체성이 민조시로 탄주되고 있지 않은가. 그러나 그의 성화는 각고의 길이었으리라. 하늘가 음성을 듣기 위한 화두 전편을 절절히 들려주고 있다.

    도대체
    아픈 가슴
    어디 가는지,
    알 수가 없었네.

    진실로
    누구인가?
    어느 곳으로
    간다는 것인지.

    나에게
    묻고 물어
    다시 물어도

질문 속에 있네.

        - '영성의 길' 전문

 한 인간의 정체성을 찾아가는 길을 담담히 노래하고 있다. 그는 '책에서/ 여행으로/ 쏴 다니기를/ 지구 한 바퀴 반.//'(순례의 길)을 순례하기도 했다. 또 머리에서 가슴까지 내려오는 고백의 눈물도 아리게 흐른다.

 옛 성전
 서쪽 옹벽
 기대어 서니,

 눈물이 흐르네.

        - '통곡의 벽' 전문

 그렇게 쓰여진 김시인의 정체성은 선명하고, 맑고, 때론 가슴 아리게 전해지기도 한다. 그것은 선명한 정체성을 선언해본 자들만의 선험적 아픔일 것이다.

 상실의
 두려움이

심장을 쪼아,

삭아 내린 육신.

           - '염려' 전문

 김시인은 인생을 '점프대/ 올라서서/ 허접스런 몸/ 던져봐야 안다.//'(인생)고 일갈한다. 그러므로 그의 생사 초월의식은 백척간두百尺竿頭에서 진일보進一步로 깨어난 자만의 오도悟道의식이고, 영적 부활 의식이다. 그처럼 깨어있는 하루는 '눈 뜨고/ 밥 먹으면/ 날이 저문다/ 기막힌 날임을/'(하루) 매순간 깨어있는 삶을 '아니리' 한다. 그렇게 '숨 쉬고/ 숨이 멎는/ 그 순간에도/ 제 갈길 가는 놈/'(시간)을 날카롭게 응시하며, 그의 정체성은 철저히 생활 속에서 성화되고 있다.

 '아내를
 네 몸같이
 사랑했느냐?'

 들려오는 음성.

'아들아!
형제들을
사랑했느냐?'

망치로 때리네.

— '하늘의 음성' 전문

보시라. 김시인의 하늘가 음성은 지금, 여기, 사람과 함께 늘 깨어있지 않은가.

4. 조선시의 숨결 민조시 6조

김하해 민조시 6조는 조선의 소리로 갈무리되고 있다. '역사의/ 뒤뜰에서/ 세상 밝히는/ 불멸의 시혼들.//'(서시)로 갈무려지고 있다. 김시인의 조선 숨결들은 뜨겁다. 마치 '사무친/ 응어리가/ 붉은 꽃으로/ 피어나는 조국.//(논개)'이라며, 조선시의 불꽃 '아니리'를 탄주하고 있다.

세월을
등 두렷이
건너가는 듯

제자리에 천 년.

　　　　　　　　　　　　- '돌확' 전문

　김시인의 조선시 숨결은 아마도 노년의 시정신에 뿌리 내린 '돌확'일 것이다. 그 연원이 민조시로 귀결했을 것이며, 금번 상재의 시말들이 6부로 펼쳐지는 바탕 의식이다. 이는 3,4,5,6조의 6수 중요성을 증험하고자 하는 카테고리일 것이다.

　김시인의 한글은 'K 문화 보석'이고, 그의 한복은 '꽃길을 걷는 우암함의 극치'이다. 그의 한옥은 '온돌방/ 구들장에/ 몸을 누이면/ 사라지는 시름.//'(한옥)이다. 이 모두가 김시인의 조선 숨결이며, '천년의/ 깊은 맛에/ 고향 어머니/ 달리는 천릿길.//'(한정식) 음식 미학이다. 이처럼 그의 '아니리'들은 시집 편 편마다 조선 소리와 숨결 수리로 어우러지며, 조선시로 펼쳐지고 있는 것이다.

　　푸나무
　　껍질 풀어
　　한지 만들어
　　떠 올린 방패연

닥나무
닦달하여
금자탑 이룬
역사의 뒤안길.

글로써
전하노니
영원한 나라
대한민국이여.

— '한지韓紙' 전문

　김시인은 한국의 꽃심 전주 온고을에 사는 시인이다. 한옥마을과 한정식의 멋과 맛이 어울림 하고, 조선 닥종이 한지 문화의 시원지이기도 하다. 그 한지 위에 오늘의 노벨 문학상이 쓰여졌음을 기쁜 소식으로 전하기도 한다.

추임새
절로 이는
섬진강 물결,

한 판
이승소리.

　　　　　　　　　　－ '동편제' 전문

김시인의 온고을은 판소리의 소릿고을이다. 그러므로 그의 간결한 민조시는 동편제를 '아니리' 하기도 한다. 마이산 돌두꺼비 부르는 판소리 추임새가 섬진강 물결로 흐르는 동편제 소리이다. 그 판소리에서 '한 판 이승 소리'를 예인하고 있는 3,4,5,6조 민조시다.

티 없이
맑고 고운
유장한 가락
애달픈 소릿결.

불어서
풀린다면
저 세상까지
끝없는 한풀이.

　　　　　　　　　　－ '대금' 전문

김시인의 조선 숨결 대금 소리는 해원解冤이다. 그의 조선시는 맑고 고운 유장한 가락일 것이며, 애달픈 소릿결일 것이다. 그러나 불어서 풀리기만 한다면, 해원의 '아니리' 조선시를 불고 싶다는 결언이다. 이 세상뿐만 아니라, 저 세상 끝까지 한풀이를 하고 싶다는 조선시인의 흔恨사상 '아니리'일 것이다.

나가며

하해 김영진 시인은 시집 여섯 번째를 펴내신 한국 문림 중견시인이다. 그런 그가 자유문학 한국 새정형시 민조시 초회 응모를 하였을 때였다. 마침 필자가 심사 자리를 앉게 된 연원의 인연이 되었다. 거기다 김시인이 전주 동향이라 내심 그 인연의 기대가 컸다. 그리고 민조시 등림 이후, 김하해 민조시인을 만나 뵈었고, 그 인연의 결은 더욱 끈끈해지고 있다.

김시인의 삶과 시세계는 참 겸손하고 정직하다. 하늘의 순명을 따라 기뻐하고, 감사하고, 기도하는 삶으로 충분히 짐작된다. 그는 쉴만한 물가 푸른 초장으로 향하고 있는 민조시인이다. 그의 세계 선교활동과 호스피

스 병동 봉사자 등의 실천적 신앙 간증을 각별하게 전해 들은 바 있다. 그 하늘가 음성들은 민조시 '아니리'로 끊임없이 들려올 것이다. 그의 자리이타自利利他의 사랑나눔 시들은 더욱 깊고 향기롭게 열매 맺으리라. 무엇보다 평자는, 김하해 시인과의 민조시 인연에 깊이 감사한다. 그 문학적 역량과 열정이 민조시로 꽃피워지고, 열매 맺을 수 있을 것으로 기대하기 때문이다.

  하해 김영진 시인은 조선의 흰빛 소리값을 충분히 아는 민조시인이다. 우리 모두는 하냥, 그 숨결 수리값 3,4,5,6조 '아니리'에 두 귀를 기울일 것이다.

— 甲辰年 小雪節 모악뫼 오지랖에서

| 발문 |

민조시民調詩
- 조선의 향기를 머금은 우리만의 가락

夏海 김영진

    우리민족은 예로부터 예를 숭상하고 시를 즐겨 짓고 가무를 좋아하여 풍류를 즐길 줄 아는 백성으로 삼국사기나 삼국유사에 기록되어 널리 알려져 왔다.
    이는 고대가요인 공무도하가나 황조가, 신라시대에 향가인 서동요, 처용가, 고려가요로 가시리, 사모곡을 이어 조선으로 내려와 시조와 가사, 민요로 꽃을 피우다가 가람 이병기선생에 의해 현대시조가 노산 이은상 선생에 의해 양장시조가 탄생하게 된다. 우리의 전통시가는 3, 4조의 기본율조에 바탕을 두어 만들어졌다. 개화기에 등장한 7,5조의 창가 역시 3, 4, 5조에 기본을 둔 것이다. 여기에 운율이 부분

가감되거나 교체되어 시 형식으로 발전하여 오늘에 이른 것이다. 오늘 날 5대 문학장르는 일반적으로 시(동시, 시조), 수필, 소설, 희곡, 평론을 일컫는다.

서양에는 시가의 형식으로 14행으로 이루어진 짧은 시 '소네트'가 있다. 중국에는 한시 5언, 7언의 절구와 율시가 있고 일본은 3행(5-7-5, 5-5-7음절) 17음절로 된 '하이쿠'가 있다. 우리나라에서는 2000년 6월에 즈음하여 뜻 있는 시인들이 머리를 맞대고 시조보다는 짧고 정채있는 시를 만들고자 고심하여 '민조시'가 탄생하게 되었다.

우리 시조는 기본형식(평시조의 경우)이 3장 6구 4음보격 총 43자~45자 내외이다 3장은 초장, 중장, 종장이라 부른다. 낱말의 글자 수가 3(4)-4∨3(4)-4, 3(4)-4∨3(4)-4, 3-5∨4-3으로 되어 있는데 한두 글자씩은 가감이 이루어지기도 한다. 그렇게 각 낱말이 음보율을 이루어야 한다. 반드시 지켜야 할 것은 종장의 첫 음보(첫 구)는 꼭 세 글자, 두 번째 음보는 다섯 글자 이상으로 되어야 한다. 초장에서 제시한 주제의식 혹은 미의식을, 초장과 동일한 음보율의 중장에서 유사한 의미나 구조의 문장을 반복하여 증폭 또는 심화 시키고, 종장에 이르러 고시조에서는 첫 음보에서 '어즈버', '아해야', '님금하' 같은 감탄사나 호격사 등을 통해 집약했다가, 일반적인 음보보다 자수가 많은 종장 둘째 음보에서 분출하여 절정에 이르게 하는 것이 시조의 미적 특징이다.

　백성들의 가락인 민조시는 우리 조상들의 전통 율조를 바탕으로 하여 3, 4, 5, 6자 4행으로 된 시형식이다. 현대시조의 음수율은 종장 첫구만 3자 고정이고 나머지는 약간의 음수율을 변용할 수 있는데 비해 민조시는 3, 4, 5, 6(3+3, 2+4),조의 음수율을 반드시 지켜야 한다. 현대시조는 43~45자 형식에서 자유로운데 비해 민조시는 3, 4, 5, 6조의 18자로 한 편의 시를 이룬다. 그 어떤 시의 형식에서도 6조는 쓰이거나 찾아볼 수가 없었는데 민조시에서 6조 등장은 가히 획기적이라 할 수 있다. 4행의 6조가 쓰임으로 시 형태의 품격과 완결미를 이룸과 동시에 시를 풍성하게 만들어 준다.
　민조시는 시어의 배열에 따라 3, 4, 5, 5, 6조, 혹은 3, 3, 4, 4, 5, 5, 6, 6조로 변용하여 창작할 수도 있다. 또한 자유시와 같이 연민조시, 장민조시로 쓸 수 있는데 3, 4, 5, 6조의 기본 정형률을 한 음수도 벗어나서는 안 된다. 마지막 결구의 끝조는 반드시 6조(3+3, 2+4)이어야 하며 마침표를 찍는다. 형식이 짧고 간략하다하여 쉽거나 만만하지가 않다. 18자 안에 인생과 세계를 담아야 하는 어려움이 있지만 그만큼의 묘미가 뒤따른다.
　민조시는 고저장단 가락의 율조에 문자의 의미를 얹어

민족고유의 한을 풀어낸다. 4행은 한시의 기승전결에서 오는 짜임새 있는 맛이 있다. 기에서 시상을 일으키어 승에서 펼치고 전에서 매듭을 지은 뒤 결에서 방점을 찍어 독자의 가슴에 무엇인가를 새겨 놓아야 한다. 음수와 음절의 단아한 형식에서 이루는 율격미와 공간과 여백에서 오는 여유로움이 각박한 삶을 풍요롭고 넉넉하게 만들어 준다. 적절한 비유와 은유, 수사는 물론 조상들이 물려준 풍자와 해학에 곁들여 철학적 사유까지 담겨야 하니 작다고 쉽게 넘볼 수 있는 것만은 아니다. 4행으로 구성된 민조시는 외형상 $3+4+5+6=18$이 나오지만 이를 $3\times4\times5\times6$하면 360이 된다. 이와 같이 민조시가 음수와 음절의 단순한 숫자 조합에 얽매이지 않고 여기에 수사에서 의미와 사유까지 적절히 담겨지면 시가 갖는 의미의 확장성은 엄청나게 커진다. 비록 민조시가 출발은 늦었지만 앞으로 한국을 대표하고 세계 정신문화의 꽃으로 피어날 날도 머지않은 것으로 확신한다. 그래서 민조시의 전망을 내다볼 때 발전 가능성과 미래는 밝다고 할 수밖에 없다.

  봄, 여름, 가을, 겨울을 지내면서 주변 삶 속에서 주제를 정해 놓고 길을 걷거나 산책을 하면서 중얼거렸고, 버스를 기다리거나 병원에서 대기 중일 때에도 눈을 감고 음미하면서 궁싯거렸다. 마땅한 어휘나 구절이 떠오르면 메모를 했다. 잠자리에 들거나 깨어날 때에도 생각에 생각을 이어나갔다. 머리를 쉴 새 없이 굴려대니

정신건강에도 좋을 듯하다. 그러는 가운데 3, 4, 5, 6이 완결되어 매듭이 지어져갔다. 한 편의 시편이 완성되어갈 때마다 창작이라는 기쁨으로 충만함이 더해져갔다.

    2024년 자유문학 봄호에서 2회 추천을 받아 신출내기 민조시인으로 첫 발을 내딛는다. 부족한 시인의 손을 잡아 주신 심시위원 분들에게 감사를 드린다. 민조시를 통하여 내가 살아가야 하는 이유를 찾게 되었고, 보다 행복하고 윤택한 삶을 살아갈 것 같아 기쁘다. 품격이 있고 조선의 향기를 머금은 우리만의 가락, 민조시의 넉넉한 지경을 넓혀 가는데 미력하나마 도움이 되고자 한다.

김영진 민조시집

조선의 숨결

인쇄 2024년 12월 25일
발행 2025년 1월 1일

지은이 김영진
발행인 서정환
펴낸곳 신아출판사
주소 전북 전주시 완산구 공북 1길 16(태평동 251-30)
전화 (063) 275-4000 · 0484
팩스 (063) 274-3131
이메일 sina321@hanmail.net
출판등록 제465-1984-000004호
인쇄·제본 신아문예사

저작권자 ⓒ 2024, 김영진
이 책의 저작권은 저자에게 있습니다. 서면에 의한 저자의 허락없이 내용의
일부를 인용하거나 발췌하는 것을 금합니다.
COPYRIGHT ⓒ 2024, by Kim Yeongjin
All right reserved including the rights of reproduction in whole or in part in
any form.
저자와 협의, 인지는 생략합니다.
잘못된 책은 바꿔 드립니다.

ISBN 979-11-94198-91-8 03810
값 15,000원

Printed in KOREA